बँटवारे के रेखाचित्र

मण्टो अब तक-21

# बँटवारे के रेखाचित्र

सआदत हसन मण्टो

वाणी प्रकाशन

वाणी प्रकाशन

*4695, 21-ए, दरियागंज, नयी दिल्ली 110 002*

फ़ोन : +91 11 23273167 फ़ैक्स : +91 11 23275710

**शाखाएँ**

*अशोक राजपथ, पटना 800 004, बिहार*

*कॉफ़ी हाउस कैम्पस, महात्मा गांधी मार्ग, इलाहाबाद 211 001, उत्तर प्रदेश*

*महात्मा गांधी अन्तरराष्ट्रीय हिन्दी विश्वविद्यालय, वर्धा 442 001, महाराष्ट्र*

www.vaniprakashan.in
marketing@vaniprakashan.in
sales@vaniprakashan.in

BANTWARE KE REKHACHITRA
*by* Saadat Hasan Manto

ISBN : 978-93-5072-281-7
Collection of Short Stories



संस्करण 2012
आवृत्ति 2018

मूल्य : ₹125



*एम.एस. प्रिंटर्स, दिल्ली-110 095 में मुद्रित*

*वाणी प्रकाशन का लोगो मक़बूल फ़िदा हुसेन की कूची से*

# भूमिका

समाज और व्यक्ति के खरे आलोचक के इलावा मण्टो का एक दूसरा रूप ज़िन्दगी के दबे छिपे कोने उघाड़ने वाले, ज़िन्दगी की हास्य-व्यंग्य भरी स्थितियाँ चित्रित करने वाले कहानीकार का भी था। मन्त्र, मैडम डिकॉस्टा, मम्मी, प्रगतिशील, ब्लाउज़, बू, खुशिया और बाबू गोपीनाथ ऐसी कहानियाँ हैं, इन्हें हालाँकि मण्टो की अपार मानवीयता का स्पर्श तो मिला है, लेकिन इनमें आक्रोश का सर्वथा अभाव है। दरअसल ये कहानियाँ अपने आप में एक बिल्कुल ही अलग वर्ग निर्मित करती हैं। इनमें कहानीपन ज़्यादा है, नाटकीयता कम है और जुम्लेबाज़ी की वह चुस्ती दिखायी पड़ती है जो मण्टो की अपनी ही विशेषता है।

मण्टो की कहानियों में नाटकीयता दरअस्ल वहाँ आती है, जहाँ वह आवेग और आक्रोश में बह कर मन की हदों को छूने लगता है। यही वजह है कि स्वराज के लिए, नंगी आवाज़ें और हतक के अन्त नाटकीयता की ओर झुकते हैं। 'स्वराज के लिए' की अन्तिम पंक्तियाँ, जहाँ गुलाम अली अपने बच्चे के हाथों से ग़ुब्बारा छीन कर उसे फोड़ कर फेंक देता है, ग़ैर-ज़रूरी है, क्योंकि कहानी उससे पहले ही ख़त्म हो जाती है। 'नंगी आवाज़ें' और हतक में यह कमज़ोरी कुछ हद तक सँभाल ली गयी है। हालाँकि नंगी आवाज़ें में कहानी वहीं ख़त्म हो जाती है जहाँ भोला के भाई-भाभी में बातचीत होती है और हतक में वहाँ, जब सुगन्धी सेठ द्वारा नापसन्द की जाने के बाद अपने कमरे की तरफ़ मुड़ती है। लेकिन मण्टो का ध्यान इन तीनों कहानियों में इनके कहानीपन की तरफ़ नहीं है, कहानी की कला से कहीं ज़्यादा उसके दिमाग़ पर विचारों और अनुभूतियों का वह बोझ है जिसे कलम की नोक पर रखना अपना कर्तव्य समझता है, भले ही इसके लिए उसे शैली और शिल्प के ख़तरे ही क्यों न उठाने पड़ें।

लेकिन ऊपर मैंने जिन कहानियों का ज़िक्र किया है, उनमें यह विशेषता

नहीं है बल्कि एक दूसरी ही विशेषता है। मण्टो ने ज़िन्दगी को जैसे देखा है, महसूस किया है, वैसे ही पाठक उसे इन कहानियों के माध्यम से देखते हैं। इनमें विचारों की खलबलाहट नहीं है, वरन एहसासों की गर्मी और उन हल्के-फुल्के विचारों का पुट है, जिन्हें हम अक्सर अपने दिमाग़ की गहराई में ही दबा लेते हैं।

मुस्टेन वाला, ब्लाउज़, बू, और खुशिया—इन सभी कहानियों की पृष्ठभूमि सेक्स की है, लेकिन मण्टो सेक्स का चित्रण करते हुए भी उसे अश्लील नहीं होने देता। बहुत-सी दूसरी अनुभूतियों की तरह सेक्स को भी मण्टो एक स्वाभाविक प्रक्रिया मान कर उसका सहज चित्रण करता है। चूँकि मण्टो का उद्देश्य पाठक को गर्माना भर नहीं है, वरन कहानी के माध्यम से गहरे, दबे-ढके एहसासों का चित्रण करना है इसलिए उसकी ऐसी तमाम कहानियों में कहीं भी जुगुप्सा नहीं है।

'मन्त्र' शायद एक ऐसी कहानी है जो अपने आप में एक वर्ण बनाती है। बच्चों को माता-पिता द्वारा जिस तरह फुसलाया जाता है और अगर बच्चा उन्हीं तरीको को अपने माता-पिता पर लागू करे तो जैसी दिलचस्प स्थिति पैदा हो सकती है, इसका बड़ा ही नाजुक चित्रण मन्त्र में मण्टो ने किया है।

मम्मी, प्रगतिशील, चुग़द, मैडम डिकॉस्टा और बाबू गोपीनाथ में मण्टो ने उन पात्रों और उस ज़िन्दगी की झलक दी है, जिसे उसने बहुत करीब से देखा था। ख़ास तौर पर मम्मी, मैडम डिकॉस्टा और बाबू गोपीनाथ को मण्टो की दर्द-भरी मानवीयता का स्पर्श मिला है। प्रगतिशील अलबत्ता एक बहुत ही बढ़िया लतीफ़ा है जिसे मण्टो ने बड़ी खूबी से कहानी का जामा पहना दिया है।

ऊपर मैंने मण्टो की जुमलेबाज़ी का ज़िक्र किया था। जुमले गढ़ना और उन्हें कहानियों में नगीनों की तरह जड़ना भी मण्टो की अपनी ही विशेषता है, जिसका अगर कोई जोड़ है तो वह बेदी है, जो अपनी कहानियों में इसी खूबी के साथ जुमले चस्पां करते हैं। जुमले ईजाद करने में महेन्द्र भल्ला, रवीन्द्र कालिया और ज्ञानरंजन भी बहुत दक्ष हैं, लेकिन जहाँ रवीन्द्र कालिया सही जुमले को सही जगह फ़िट करने के लिए इन्तज़ार नहीं कर सकता और उसके जुमले महज़ जुमले हो कर रह जाते हैं वहीं मण्टो, बेदी और ज्ञानरंजन की कहानियों में ये जुमले कहानी की विषय-वस्तु को और भी अधिक प्रभावशाली बनाने में भरपूर योग देते हैं।

**नीलाभ**

# अनुक्रम

# स्याह हाशिये

उस आदमी के नामः
जिसने अपनी ख़ूँरेज़ियों का ज़िक्र करते हुए कहा—
"जब मैंने एक बुढ़िया को मारा तो मुझे ऐसा लगा,
मुझसे कत्ल हो गया है।"

## मज़दूरी

लूट-खसोट का बाज़ार गर्म था। उस गर्मी में इज़ाफ़ा हो गया, जब चारों तरफ़ आग भड़कने लगी।

एक आदमी हार्मोनियम की पेटी उठाये, ख़ुश-ख़ुश गाता जा रहा था:

जब तुम ही गये परदेस
लगा कर ठेस
ओ पीतम प्यारा
दुनिया में कौन हमारा

एक छोटी उम्र का लड़का, झोली में पापड़ों का अम्बार डाले, भागा जा रहा था। ठोकर लगी तो पापड़ों की एक गट्ठी, उसकी झोली में से गिर पड़ी। लड़का उसे उठाने के लिए झुका तो एक आदमी, जिसने सिर पर सिलाई की मशीन उठायी हुई थी, उस से बोला, "रहने दे बेटा, रहने दे। अपने आप भुन जायेंगे।"

बाज़ार में, एक भरी हुई बोरी 'धब्ब' से गिरी। एक शख़्स ने जल्दी से बढ़ कर अपने छुरे से उसका पेट चाक लिया। आँतों की बजाय, शक्कर—सफ़ेद-सफ़ेद दानों वाली शक्कर—उबल कर बाहर निकल आयी। लोग जमा हो गये और अपनी झोलियाँ भरने लगे। एक आदमी कुर्ते के वग़ैर था। उसने जल्दी से अपना तहमद खोला और मुट्ठियाँ भर-भर उसमें डालने लगा।

"हट जाओ, हट जाओ!"—ताज़ा-ताज़ा रंग की गयी अलमारियों से लदा हुआ एक ताँगा गुज़र गया।

ऊँचे मकान की खिड़की में से मलमल का थान फड़फड़ाता हुआ बाहर निकला! शोलों की ज़बान ने हौले से उसे चाटा...सड़क पर पहुँचा तो राख का ढेर था।

'पों-पों, पों-पों,' मोटर के हॉर्न की आवाज़ के साथ दो औरतों की चीख़ें भी थीं।

लोहे का एक सेफ़ दस-पन्द्रह आदमियों ने खींच कर बाहर निकाला और लाठियों की मदद से उसको खोलना शुरू किया।

'काउ एण्ड गेट' दूध के कई टीन दोनों हाथों पर उठाये, अपनी ठोड़ी से उनको सहारा दिये, एक आदमी दुकान से बाहर निकला और आहिस्ता-आहिस्ता बाज़ार में चलने लगा।

बुलन्द आवाज़ आयी, "आओ, आओ। लेमोनेड की बोतलें पियो, गर्मियों का मौसम है।"

गले में मोटर का टायर डाले हुए आदमी ने दो बोतलें लीं और शुक्रिया अदा किये बिना, चल दिया।

एक आवाज़ आयी, "कोई आग बुझाने वालों को तो इत्तला दे दे—सारा माल जल जायेगा।" किसी ने उस मुफ़ीद सलाह की तरफ़ ध्यान न दिया।

लूट-खसोट का बाज़ार उसी तरह गर्म रहा और उस गर्मी में, चारों तरफ़ भड़कने वाली आग, बदस्तूर इज़ाफ़ा करती रही। बहुत देर के बाद तड़-तड़ की आवाज़ आयी। गोलियाँ चलने लगीं।

पुलिस को बाज़ार ख़ाली नज़र आया—लेकिन दूर, धुएँ से लिपटे हुए मोड़ के पास, एक आदमी का साया दिखायी दिया।

पुलिस के सिपाही सीटियाँ बजाते, उसकी तरफ़ लपके। साया तेज़ी से धुएँ के अन्दर घुस गया। पुलिस के सिपाहियों ने भी उसका पीछा किया।

धुएँ का इलाका ख़त्म हुआ तो पुलिस के सिपाहियों ने देखा कि एक कश्मीरी मज़दूर, पीठ पर वज़नी बोरी उठाये, भागा चला जा रहा है।

सीटियों के गले ख़ुश्क हो गये, मगर वो कश्मीरी मज़दूर न रुका। उसकी पीठ पर वज़न था। मामूली वज़न नहीं, एक भरी हुई बोरी थी। लेकिन यूँ दौड़ रहा था, जैसे पीठ पर कुछ है ही नहीं।

सिपाही हाँफने लगे। एक ने तंग आ कर पिस्तौल निकाला और दाग़ दिया। गोली कश्मीरी मज़दूर की पिंडली में लगी। बोरी उसकी पीठ पर से गिर पड़ी। घबरा कर उसने अपने पीछे आहिस्ता-आहिस्ता भागते हुए सिपाहियों को देखा। पिंडली से बहते हुए ख़ून की तरफ़ भी उसने ग़ौर किया। लेकिन एक ही झटके से बोरी उठायी और पीठ पर डाल कर फिर भागने लगा। सिपाहियों ने सोचा, जाने दो—जहन्नुम में जाये।

एकदम लँगड़ाता-लँगड़ाता कश्मीरी मज़दूर लड़खड़ाया और गिर पड़ा। बोरी उसके ऊपर आ रही। सिपाहियों ने उसे पकड़ लिया और बोरी-समेत ले गये।

रास्ते में कश्मीरी मज़दूर ने बारहा कहा, "हज़रत, आप मुझे क्यों पकड़ती है। मैं तो ग़रीब आदमी होती। चावल की एक बोरी लेती—घर में खाती—आप नाहक मुझे गोली मारती।"

लेकिन उसकी एक न सुनी गयी। थाने में भी कश्मीरी मज़दूर ने अपनी सफ़ाई में बहुत कुछ कहा, "हज़रत, दूसरा लोग बड़ा बड़ा माल उठाती। मैं तो फ़कत एक चावल की बोरी लेती। हज़रत, मैं बहुत ग़रीब होती। हर रोज़ भात खाती।"

जब वो थक-हार गया तो उसने अपनी मैली टोपी से माथे का पसीना पोंछा और चावलों की बोरी की तरफ़ हसरत-भरी निगाहों से देख कर, थानेदार के आगे हाथ फैला कर कहा, "अच्छा हज़रत, तुम बोरी अपने पास रख। मैं अपनी मज़दूरी माँगती—चार आने।"

## पठानिस्तान

"ख़ो, एकदम जल्दी बोलो, तुम कौन ऐ?'

"मैं...मैं..."

"ख़ो, शैतान का बच्चा, जल्दी बोलो—इन्दू ऐ या मुसलमीन?"

"मुसलमीन।"

"ख़ो, तुम्हारा रसूल कौन ऐ?"

"मुहम्मद ख़ान।"

"टीक ऐ, जाओ।"

## ख़बरदार

बलवाई मालिक-मकान को बड़ी मुश्किलों से घसीटते हुए बाहर ले आये। कपड़े झाड़ कर वो उठ खड़ा हुआ और बलवाइयों से कहने लगा, "तुम मुझे मार डालो, लेकिन ख़बरदार जो मेरे रुपये-पैसे को हाथ लगाया।"

## निगरानी में

'अ' अपने दोस्त 'ब' को अपना हम-मज़हब ज़ाहिर करके, उसे महफ़ूज़ मुकाम पर पहुँचाने के लिए, मिलटरी के एक दस्ते के साथ रवाना हुआ। रास्ते में 'ब' ने, जिस का मज़हब मसलहतन बदल दिया गया था, मिलटरी वालों से पूछाः "क्यों जनाब, आस-पास कोई वारदात तो नहीं हुई?"

जवाब मिला, "कोई ख़ास नहीं। फ़लाँ मुहल्ले में अलबत्ता एक कुत्ता मारा गया।"

सहम कर 'ब' ने पूछा, "कोई और ख़बर?"

जवाब मिला, "ख़ास नहीं, नहर में तीन कुतियों की लाशें मिलीं।"

'अ' ने 'ब' की ख़ातिर मिलटरी वालों से कहा, "मिलटरी कुछ इन्तज़ाम नहीं करती?"

जवाब मिला, "क्यों नहीं? सब काम उसकी निगरानी में होता है।"

## जूता

हुजूम ने रुख़ बदला और सर गंगाराम के बुत पर पिल पड़ा। लाठियाँ बरसायी गयीं। ईंटें और पत्थर फेंके गये। एक ने मुँह पर तारकोल मल दिया। दूसरे ने बहुत-से पुराने जूते जमा किये और उनका हार बना कर बुत के गले में डालने के लिए आगे बढ़ा। मगर पुलिस आ गयी और गोलियाँ चलनी शुरू हो गयीं। जूतों का हार पहनाने वाला ज़ख़्मी हो गया। चुनांचे मरहमपट्टी के लिए उसे 'सर गंगाराम हस्पताल' भेज दिया गया।

## हैवानियत

बड़ी मुश्किल से मियाँ-बीवी घर का थोड़ा-सा सामान बचाने में कामयाब हुए। जवान लड़की थी, उसका कोई पता न चला। छोटी-सी बच्ची थी—उसको माँ ने अपने सीने के साथ चिपटाये रखा। एक भूरी भैंस थी, उसको बलवाई हाँक कर ले गये। गाय बच गयी। मगर उसका बछड़ा न मिला।

मियाँ बीवी, उनकी छोटी-सी लड़की और गाय—एक जगह छिपे हुए थे। सख़्त अँधेरी रात थी। बच्ची ने डर से रोना शुरू किया तो ख़मोश फ़िज़ा में जैसे कोई ढोल पीटने लगा। माँ ने ख़ौफ़-ज़दा हो कर बच्ची के मुँह पर हाथ रख दिया कि दुश्मन सुन न ले। आवाज़ दब गयी। बाप ने एहतियातन ऊपर गाढ़े की मोटी चादर डाल दी।

थोड़ी देर के बाद दूर से किसी बछड़े की आवाज़ आयी। गाय के कान खड़े हुए। वह उठी और इधर-उधर पागलों की तरह दौड़ती हुई, डकराने लगी। उसको चुप कराने की बहुत कोशिश की गयी। मगर बेसूद।

शोर सुन कर, दुश्मन आ पहुँचा। दूर से मशालों की रोशनी दिखायी दी। बीवी ने अपने मियाँ से बड़े ग़ुस्से के साथ कहा, "तुम क्यों इस हैवान को अपने साथ ले आये थे?"

## हमेशा की छुट्टी

"पकड़ लो, पकड़ लो—देखो, जाने न पाये।"

शिकार थोड़ी-सी दौड़-धूप के बाद पकड़ लिया गया। जब नेज़े उसके आर-पार होने के लिए आगे बढ़े तो उसने काँपती आवाज़ में, गिड़-गिड़ा कर कहा, "मुझे न मारो, मुझे न मारो, मैं छुट्टियों में अपने घर जा रहा हूँ।"

## हलाल और झटका

"मैंने उसकी शाह-रग पर छुरी रखी, हौले-हौले फेरी और उसे हलाल कर दिया।"

"यह तुमने क्या किया!"

"क्यों?"

"उसको हलाल क्यों किया।"

"मज़ा आता है इस तरह।"

"मज़ा आता है के बच्चे, तुझे झटका करना चाहिए था—इस तरह!" और हलाल करने वाले की गरदन का झटका हो गया।

## सौरी

छुरी पेट चाक करती हुई नाभि के नीचे तक चली गयी।

इज़ारबन्द कट गया।

छुरी मारने वाले के मुँह से अचानक क्षमा-याचना निकली :

"च-च-च-च, मिश्टेक हो गया।"

## रिआयत

"मेरी आँखों के सामने मेरी जवान बेटी को न मारो।"

"चलो, इसी की मान लो, कपड़े उतार कर हाँक दो एक तरफ़।"

## सफ़ाई-पसन्दी

गाड़ी रुकी हुई थी।

तीन बन्दूकची एक डिब्बे के पास आये। खिड़कियों में से अन्दर झाँक कर उन्होंने मुसाफ़िरों से पूछा, "क्यों जनाब, कोई मुर्ग़ा है?"

एक मुसाफ़िर कुछ कहते-कहते रुक गया। बाकियों ने जवाब दिया, "जी नहीं।"

थोड़ी देर के बाद चार नेज़ा-बरदार आये। खिड़कियों में से अन्दर झाँक कर उन्होंने मुसाफ़िरों से पूछा, "यों जनाब, कोई मुर्ग़ा-वुर्ग़ा है?"

उस मुसाफ़िर ने, जो पहले कुछ कहते-कहते रुक गया था, जवाब दिया, "जी, मालूम नहीं। आप अन्दर आ कर सण्डास में देख लीजिए।"

नेज़ा-बरदार अन्दर दाख़िल हुए। सण्डास का दरवाज़ा तोड़ा गया तो उसमें से एक मुर्ग़ा निकल आया।

एक नेज़ा-बरदार ने कहा, "कर दो हलाल।"

दूसरे ने कहा, "नहीं, नहीं! डिब्बा ख़राब हो जायेगा। बाहर ले चलो।"

## उलाहना

"देखो यार, तुमने ब्लैक-मार्केट के दाम भी लिये और ऐसा रद्दी पेट्रोल दिया कि एक दुकान भी न जली।"

## आराम की ज़रूरत

"मरा नहीं—देखो, अभी जान बाकी है।"

"रहने दो यार—मैं थक गया हूँ।"

## किस्मत

"कुछ नहीं दोस्त, इतनी मेहनत करने पर सिर्फ़ एक टिन हाथ लगा था, पर उस में भी साला सुअर का गोश्त निकला।"

## सहयोग

चालीस-पचास लठ-बन्द आदमियों का एक गिरोह, लूट-मार के लिए, एक मकान की तरफ़ बढ़ रहा था।

सहसा, उस भीड़ को चीर कर एक दुबला-पतला, अधेड़ उम्र का आदमी बाहर निकला। पलट कर उसने बलवाइयों से लीडराना अन्दाज़ में कहा, "भाइयो, उस मकान में बेअन्दाज़ दौलत है, बेशुमार कीमती सामान है। आओ, हम सब मिल कर इस पर कब्ज़ा जमा लें और माले-ग़नीमत आपस में बाँट लें।"

हवा में कई लाठियाँ लहरायीं, कई मुक्के भिंचे और बुलन्द-आवाज़ नारों का एक फ़व्वारा-सा छूट पड़ा। चालीस-पचास लठ-बन्द आदमियों का गिरोह, दुबले-पतले अधेड़ उम्र के आदमी के पीछे-पीछे, उस मकान की तरफ़ तेज़ी से बढ़ने लगा जिसमें बेअन्दाज़ दौलत और बेशुमार कीमती सामान था।

मकान के सदर दरवाज़े के पास रुक कर दुबला-पतला आदमी फिर बलवाइयों की तरफ़ मुड़ा : "भाइयो, इस मकान में जितना माल है, सब तुम्हारा है, लेकिन देखो, छीना-झपटी न करो—आपस में मत लड़ना आओ!"

"दरवाज़े में ताला है।" एक चिल्लाया।

दूसरे ने बुलन्द आवाज़ में कहा, "तोड़ दो।"

"तोड़ दो!...तोड़ दो!"

हवा में कई लाठियाँ लहरायीं, कई मुक्के भिंचे और बुलन्द आवाज़ में नारों का एक फ़व्वारा-सा छूट पड़ा।

दुबले-पतले आदमी ने हाथ के इशारे से दरवाज़ा तोड़ने वालों को रोका और मुस्करा कर कहा : "भाइयो हटो, मैं इसे चाभी से खोलता हूँ।"

यह कह कर उसने जेब से चाभियों का गुच्छा निकाला और एक चाभी ढूँढ़ कर ताले में डाली और उसे खोल दिया। शीशम का भारी-भरकम दरवाज़ा एक चीख़ के साथ ख़ुला तो हुजूम, पागलों की तरह, अन्दर दाख़िल होने के लिए आगे बढ़ा। दुबले-पतले आदमी ने माथे का पसीना

अपनी आस्तीन से पोंछते हुए कहा, "भाइयो, आराम के साथ! जो कुछ इस मकान में है, सब तुम्हारा है। इस अफ़रा-तफ़री की क्या ज़रूरत है?"

फ़ौरन ही हुजूम में ज़ब्त पैदा हो गया। एक-एक करके वे बलवाई मकान के अन्दर दाख़िल होने लगे; लेकिन ज्यों ही चीज़ों की लूट शुरू हुई, फिर धाँधली मच गयी। बड़ी बेरहमी से बलवाई कीमती चीज़ों पर हाथ साफ़ करने लगे।

दुबले-पतले आदमी ने जब यह दृश्य देखा तो उसने बड़ी दुख-भरी आवाज़ में लीडरों से कहा, "भाइयो, आहिस्ता आहिस्ता! आपरा में लड़ने-झगड़ने की कोई ज़रूरत नहीं। नोच-खसोट की भी कोई ज़रूरत नहीं। सहयोग से काम लो। अगर किसी के हाथ ज़्यादा कीमती चीज़ आ गयी है तो डाह मत करो। इतना बड़ा मकान है। अपने लिए कोई और चीज़ ढूँढ़ लो, मगर ऐसा करते हुए वहशी न बनो। मार-धाड़ करोगे तो चीज़ें टूट जायेंगी, इसमें नुकसान तुम्हारा ही है।"

लीडरों में एक बार फिर व्यवस्था पैदा हो गयी।

भरा हुआ मकान आहिस्ता-आहिस्ता ख़ाली होने लगा।

दुबला-पतला आदमी बीच-बीच में हिदायत देता रहा, "देखो भइया, यह रेडियो है, आराम से उठाओ, ऐसा न हो कि टूट जाय—ये इसके तार भी साथ लेते जाओ। ...तह कर लो भाई इसे, तह कर लो, अखरोट की लकड़ी की तिपाई है, हाथी-दाँत की पच्चीकारी है, बड़ी नाज़ुक चीज़ है—हाँ अब ठीक है!... नहीं-नहीं, यहाँ मत पियो, बहक जाओगे, इसे घर ले जाओ। ...ठहरो-ठहरो मुझे मेन स्विच बन्द कर लेने दो। ऐसा न हो, तुम्हें करेण्ट का धक्का लग जाय।"

इतने में एक कोने से शोर बुलन्द हुआ। चार बलवाई रेशमी कपडे के एक थान पर छीना-झपटी कर रहे थे! दुबला-पतला आदमी तेज़ी से उनकी तरफ़ बढ़ा और मुलायमियत-भरे लहजे में उनसे कहने लगा, "तुम कितने बेसमझ हो! चिन्दी-चिन्दी हो जायेगी ऐसे कीमती कपड़े की। घर में सब चीज़ें मौजूद हैं, गज़ भी होगा; तलाश करो और नाप कर कपड़ा आपस में बाँट लो।"

अचानक कुत्ते के भौंकने की आवाज़ आयी—भौ-भौं-भौं—और पलक-झपकते ही एक बहुत बड़ा गद्दी कुत्ता, एक जस्त के साथ अन्दर लपका और लपकते ही उसने दो-तीन लीडरों को भँभोड़ दिया। दुबला-पतला

आदमी चिल्लाया :

"टाइगर-टाइगर!"

टाइगर, जिसके ख़ौफ़नाक मुँह में एक लीडर का नुचा हुआ गरेबान था, दुम हिलाता हुआ, दुबले-पतले आदमी की तरफ़ निगाहें नीची किये, कदम बढ़ाने लगा।

कुत्ते के आते ही सब लुटेरे भाग गये थे। सिर्फ़ एक बाकी रह गया था, जिसके गरेबान का टुकड़ा कुत्ते के मुँह में था! उसने दुबले-पतले आदमी की तरफ़ देखा और पूछा—"कौन हो तुम?"

दुबला-पतला आदमी मुस्कराया—"इस घर का मालिक! देखो, देखो, तुम्हारे हाथ से काँच का मर्तबान गिर रहा है।"

## सदके उसके

मुजरा ख़त्म हुआ। तमाशाई रुख़सत हो गये तो उस्ताद जी ने कहा, "सब कुछ लुटा-पिटा कर यहाँ आये थे, लेकिन अल्ला मियाँ ने चन्द दिनों ही में वारे-न्यारे कर दिये।"

## बँटवारा

एक आदमी ने अपने लिए लकड़ी का एक बड़ा सन्दूक चुना। जब वह उसे उठाने लगा तो वह अपनी जगह से एक इंच भी न हिला। एक शख़्स ने, जिसे शायद अपने मतलब की कोई चीज़ मिल ही नहीं रही थी, सन्दूक उठाने की कोशिश करने वाले से पूछा, "मैं तुम्हारी मदद कर दूँ।"

सन्दूक उठाने की कोशिश करने वाला, मदद लेने के लिए राज़ी हो गया। उस शख़्स ने, जिसे अपने मतलब की कोई चीज़ मिल नहीं रही थी, अपने मज़बूत हाथों से सन्दूक को जुम्बिश दी और उठा कर अपनी पीठ पर रख लिया—दूसरे ने सहारा दिया, दोनों बाहर निकले।

सन्दूक बहुत बोझिल था। उसके वज़न के नीचे उठाने वाले की पीठ चटख रही थी। टाँगें दोहरी होती जा रही थीं। मगर इनाम के लालच ने उस जिस्मानी मशक्कत का एहसास नीम-मुर्दा कर दिया था।

सन्दूक उठाने वाले के मुकाबले में, सन्दूक को चुनने वाला, बहुत ही कमज़ोर था। सारा रास्ता वो सिर्फ़ एक हाथ से सहारा दे कर, अपना हक कायम रखता रहा। जब दोनों एक सुरक्षित स्थान पर पहुँच गये तो सन्दूक को एक तरफ़ रख कर, सारी मशक्कत बरदाश्त करने वाले ने कहा, "बोलो, इस सन्दूक के माल में से मुझे कितना मिलेगा?"

सन्दूक पर पहली नज़र डालने वाले ने जवाब दिया, "एक चौथाई।"

"बहुत कम है।"

"कम बिलकुल नहीं, ज़्यादा है; इसलिए कि सबसे पहले मैंने ही इस पर हाथ डाला था।"

"ठीक है, लेकिन यहाँ तक इस कमर-तोड़ बोझ को उठा कर लाया कौन है?"

"आधे-आधे पर राज़ी होते हो?"

"ठीक है, खोलो सन्दूक?"

सन्दूक खोला गया तो उसमें से एक आदमी बाहर निकला। उसके हाथ में तलवार थी। बाहर निकलते ही, उसने दोनों हिस्सेदारों को चार हिस्सों में बाँट दिया।

## दावते-अमल

आग लगी तो सारा मुहल्ला जल गया सिर्फ़ एक दुकान बच गयी, जिसकी पेशानी पर यह बोर्ड लगा हुआ था :

"यहाँ इमारत-साज़ी का सारा सामान मिलता है।"

## मुनासिब कार्रवाई

जब हमला हुआ तो मुहल्ले में से अक्सरियत के कुछ आदमी तो कत्ल हो गये। जो बाकी थे, जानें बचा कर भाग निकले। एक आदमी और उसकी बीवी अलबत्ता अपने घर के तहख़ाने में छिप गये।

दो दिन और दो रातें पनाह-याफ़्ता मियाँ-बीवी ने कातिलों के आने के अन्देशे में गुज़ार दीं, मगर कोई न आया।

दो दिन और गुज़र गये। मौत का डर कम होने लगा। भूख और प्यास ने ज़्यादा सताना शुरू किया।

चार दिन और बीत गये। मियाँ-बीवी को ज़िन्दगी और मौत से कोई दिलचस्पी न रही। दोनों पनाह की जगह से बाहर निकल आये। आदमी ने बड़ी कमज़ोर आवाज़ में लोगों का ध्यान अपनी तरफ़ खींचा और कहा, "हम दोनों अपने आप को तुम्हारे हवाले करते हैं। हमें मार डालो।"

जिनसे उसने यह बात कही थी, वो सोच में पड़ गये, "हमारे धरम में तो जी, हत्या पाप है।"

वे सब जैनी थे। लेकिन उन्होंने आपस में सलाह-मशविरा किया और मियाँ-बीवी को मुनासिब कार्रवाई के लिए, दूसरे मुहल्ले के आदमियों के सुपुर्द कर दिया।

## कसर-नफ़्सी

चलती गाड़ी रोक ली गयी। जो दूसरे मज़हब के थे, उनको निकाल-निकाल कर, तलवारों और गोलियों से हलाक कर दिया गया। उससे फ़ारिग़ हो कर गाड़ी के बाकी मुसाफ़िरों की—हलवे, दूध और फलों से आव-भगत की गयी। गाड़ी चलने से पहले आव-भगत करने वालों के मुन्तज़िम ने मुसाफ़िरों को मुख़ातिब करके कहा, "भाइयो और बहनो, हमें गाड़ी के आने की इत्तला बहुत देर में मिली। यही वजह है कि हम जिस तरह चाहते थे, उस तरह आपकी ख़िदमत न कर सके।"

# यज़ीद

सन् सैंतालीस के हंगामे आये और गुज़र गये। बिलकुल उसी तरह, जैसे मौसम में सहसा चन्द ख़राब दिन आयें और चले जायें। यह नहीं कि करीमदाद, मौला की मर्ज़ी समझ कर, चुपचाप बैठा रहा। उसने बड़ी मर्दानगी से उस तूफ़ान का मुक़ाबिला किया था; विरोधी शक्तियों के साथ कई बार भिड़ा था—पराजित करने के लिए नहीं, सिर्फ़ मुक़ाबिला करने के लिए। उसे मालूम था कि दुश्मनों की ताक़त बहुत ज़्यादा है, पर हथियार डाल देना, वह अपनी ही नहीं, हर मर्द की तौहीन समझता था। सच पूछिए तो उसके बारे में यह सिर्फ़ दूसरों का ख़याल था—उनका, जिन्होंने उसे वहशी-नुमा इन्सानों से, बड़ी जाँबाज़ी से लड़ते देखा था। वरना अगर करीमदाद से इस बारे में पूछा जाता कि विरोधी शक्तियों के मुक़ाबिले में हथियार डाल देना क्या वह अपनी या हर मर्द की तौहीन समझता है तो निश्चय ही वह सोच में पड़ जाता, मानो आपने उससे हिसाब का कोई बहुत ही मुश्किल सवाल पूछ लिया है।

करीमदाद जोड़-घटाने और गुणा-भाग से बिलकुल उदासीन था। सन् सैंतालीस के हंगामे आये और गुज़र गये। लोगों ने बैठ कर हिसाब लगाना शुरू किया कि कितना जानी नुकसान हुआ है, कितना माली। पर करीमदाद इससे बिलकुल अलग-थलग रहा। उसको सिर्फ़ इतना मालूम था कि उसका बाप, रहीमदाद, उस जंग में काम आया है। उस की लाश करीमदाद ने ख़ुद अपने कन्धों पर उठायी थी और एक कुएँ के पास गड्ढा खोद कर दफ़्नायी थी।

गाँव में और भी कई वारदातें हुई थीं। सैकड़ों जवान और बूढ़े कत्ल हुए थे। कई लड़कियाँ ग़ायब हो गयी थीं। कुछ की, बहुत ही ज़ालिमाना ढंग से, बेइज़्ज़ती हुई थी। जिसको भी ये घाव लगे थे, रोता था—अपने फूटे नसीबों पर और दुश्मनों की बेरहमी पर; लेकिन क़रीमदाद की आँख से एक आँसू भी न निकला। अपने बाप रहीमदाद की शहज़ोरी पर उसे नाज़ था। जब बर्छियों और कुल्हाड़ियों से लैस पच्चीस-तीस बलवाइयों

का मुकाबिला करते-करते वह निढाल हो कर गिर पड़ा था और करीमदाद को उसकी मौत की ख़बर मिली थी तो उसने उसकी रुह को मुख़ातिब करके सिर्फ़ इतना कहा था, 'यार, तुमने यह ठीक न किया। मैंने तुमसे कहा था कि एक हथियार अपने पास ज़रूर रखा करो।'

और उसने रहीमदाद की लाश उठा कर, कुएँ के पास गड्ढा खोद कर, दफ़्ना दी थी और उसके पास खड़े हो कर फ़ातिहा के तौर पर सिर्फ़ ये चन्द शब्द कहे थे—'गुनाह-सवाब का हिसाब ख़ुदा जानता है। अच्छा, तुझे बहिश्त नसीब हो।'

रहीमदाद, जो न सिर्फ़ उसका बाप था, बल्कि एक बहुत बड़ा दोस्त भी था। दंगाइयों ने उसे बड़ी बेदर्दी से कत्ल किया था। लोग जब उसकी दुखद मौत का ज़िक्र करते तो कातिलों को बड़ी गालियाँ देते, पर करीमदाद चुप रहता। उसकी कई खड़ी फ़सलें तबाह हो गयी थीं, दो मकान जल कर राख हो गये थे, पर उसने अपने उन नुकसानों का कभी हिसाब नहीं लगाया था। वह कभी-कभी सिर्फ़ इतना कहा करता था—"जो कुछ हुआ है, हमारी अपनी ग़लती से हुआ है।" और जब कोई उससे इस ग़लती के बारे में पूछता तो वह चुप रहता।

गाँव के लोग अभी शोक में ही डूबे हुए थे कि करीमदाद ने शादी कर ली। उसी मुटियार ज़ीनाँ के साथ, जिस पर एक अर्से से उसकी निगाह थी। ज़ीनाँ बहुत दुखी थी। उसका शहतीर-जैसा कड़ियल जवान भाई दंगों में मारा गया था। माँ-बाप की मौत के बाद सिर्फ़ वही उसका एक सहारा था। इसमें कोई शक नहीं कि ज़ीनाँ को करीमदाद से बेपनाह मुहब्बत थी, पर भाई की मौत के ग़म ने उसके मन में इस मुहब्बत को भी मातमी बना दिया था; अब हर समय उसकी सदा मुस्कराती आँखें गीली रहती थीं।

करीमदाद को रोने-धोने से बड़ी चिढ़ थी। जब भी वह ज़ीनाँ को दुख की हालत में देखता, मन-ही-मन बहुत कुढ़ता। पर वह उससे इस बारे में कुछ कहता नहीं था, यह सोच कर कि औरत-ज़ात है। हो सकता है, उसके मन को और भी दुख पहुँचे। पर एक दिन उससे न रहा गया। खेत में उसने ज़ीनाँ को पकड़ लिया और कहा—"मुर्दों को कफ़नाये-दफ़्नाये पूरा एक साल हो गया है। अब तो वो भी इस सोक से घबरा गये होंगे।... छोड़ मेरी जान! अभी ज़िन्दगी में जाने और

कितनी मौतें देखनी हैं। कुछ आँसू तो अपनी आँखों में जमा रहने दे।"

ज़ीनाँ को उसकी ये बातें बहुत बुरी लगी थीं। पर वह उससे प्यार करती थी, इसलिए अकेले में उसने कई घंटे सोच-सोच कर उसकी इन बातों में मानी पैदा किये और आख़िर यह समझने पर ख़ुद को तैयार कर लिया कि करीमदाद जो कुछ कहता है, ठीक है।

शादी का सवाल आया तो बड़े-बूढ़ों ने विरोध किया। पर यह विरोध बहुत ही कमज़ोर था। वे लोग शोक मना-मना कर इतना थक गये थे कि ऐसे मामलों में सौ फ़ीसदी सफल होने वाले विरोधों पर भी ज्यादा देर तक न जमे रह सके।... चुनांचे करीमदाद का ब्याह हो गया। बाजे-गाजे आये, हर रस्म पूरी हुई और करीमदाद अपनी महबूबा ज़ीनाँ को दुल्हन बना कर घर ले आया।

दंगों के बाद क़रीब-क़रीब एक बरस से सारा गाँव कब्रिस्तान-सा बना था। जब करीमदाद की बारात चली और ख़ूब धूम-धड़क्का हुआ तो गाँव में कई आदमी सहम-सहम गये। उनको ऐसा महसूस हुआ कि यह करीमदाद की नहीं, किसी भूत-प्रेत की बारात है। करीमदाद के दोस्तों ने जब उसको यह बात बतायी तो वह ख़ूब हँसा। हँसते-हँसते ही उसने एक दिन इसका ज़िक्र अपनी नयी-नवेली दुल्हन से किया तो वह डर के मारे काँप उठी।

करीमदाद ने ज़ीनाँ की लाल चूड़ी वाली कलाई अपने हाथ में ली और कहा—"यह भूत तो अब सारी उम्र तुम्हारे साथ चिपटा रहेगा... रहमान साईं की झाड़फूँक भी उतार नहीं सकेगी।"

ज़ीनाँ ने अपनी मेंहदी से रची हुई उँगली दाँतों-तले दबा कर और ज़रा शरमा कर सिर्फ़ इतना कहा—"कीमे, तुझे तो किसी से भी डर नहीं लगता!"

करीमदाद ने अपनी हल्की-हल्की, कालापन-लिए-भूरी मूँछों पर ज़बान की नोक फेरी और मुस्करा दिया, "डर भी कोई लगने की चीज़ है!"

जीनाँ का ग़म अब बहुत हद तक दूर हो चुका था। वह माँ बनने वाली थी। करीमदाद उसकी जवानी का निखार देखता तो बहुत ख़ुश होता और ज़ीनाँ से कहता—"ख़ुदा की क़सम ज़ीनाँ, तू पहले कभी इतनी ख़ूबसूरत नहीं थी। अगर तू इतनी ख़ूबसूरत अपने होने वाले बच्चे के लिए बनी है तो मेरी उससे लड़ाई हो जायेगी।"

यह सुन कर ज़ीनाँ, शरमा कर, अपना ठिलिया-सा पेट चादर से छिपा लेती। करीमदाद हँसता और उसे छेड़ता, "छिपाती क्यों हो इस चोर को।... मैं क्या नहीं जानता कि यह सब बनाव-शृंगार तुमने सिर्फ़ इसी सूअर के बच्चे के लिए किया है।"

ज़ीनाँ एकदम संजीदा हो जाती, "क्यों गाली देते हो अपने को?"

करीमदाद की कालापन-लिए-भूरी मूँछें हँसी से थरथराने लगतीं—"करीमदाद बहुत बड़ा सूअर है।"

छोटी ईद आयी। बड़ी ईद आयी। करीमदाद ने ये दोनों त्योहार बड़े ठाठ से मनाये। बड़ी ईद से बारह दिन पहले उसके गाँव पर बलवाइयों ने हमला किया था और उसका बाप—रहीमदाद और ज़ीनाँ का भाई—फ़ज़ल इलाही मारे गये थे। ज़ीनाँ उन दोनों की मौत को याद करके बहुत रोई थी। पर दुखों को याद न रखने वाली करीमदाद की तबियत की मौजूदगी में उतना ग़म न कर सकी, जितना उसे खुद अपनी तबियत के मुताबिक करना चाहिए था।

ज़ीनाँ कभी सोचती थी तो उसको बड़ी हैरत होती थी कि वह इतनी जल्दी अपनी ज़िन्दगी का इतना बड़ा दुख कैसे भूलती जा रही है। माँ-बाप की मौत उसको बिलकुल याद नहीं थी। फ़ज़ल इलाही उससे छह साल बड़ा था। वही उसका बाप था, वही उसकी माँ और वही उसका भाई। ज़ीनाँ अच्छी तरह जानती थी कि सिर्फ़ उसी की ख़ातिर उसने शादी नहीं की। और यह तो सारे गाँव को मालूम था कि ज़ीनाँ की ही अस्मत बचाने के लिए उसने अपनी जान दी थी। उसकी मौत, ज़ीनाँ की ज़िन्दगी में निश्चय ही बहुत बड़ा हादसा थी। एक क़यामत थी, जो बड़ी ईद से ठीक बारह दिन पहले उस पर एकाएक टूट पड़ी थी। अब वह उसके बारे में सोचती थी तो उसको बड़ी हैरत होती थी कि वह उसके असर से कितनी दूर होती जा रही है।

मुहर्रम क़रीब आया तो ज़ीनाँ ने करीमदाद से अपनी पहली फ़रमाइश ज़ाहिर की। उसे मुहर्रम का घोड़ा और ताज़िये देखने का बहुत शौक था। अपनी सहेलियों से वह उनके बारे में बहुत कुछ सुन चुकी थी। चुनांचे, उसने करीमदाद से कहा—"मैं ठीक हुई तो ले चलोगे मुझे घोड़ा दिखाने?"

करीमदाद ने मुस्करा कर जवाब दिया—"तुम ठीक न भी हुईं तो भी ले चलूँगा।... इस सुअर के बच्चे को भी!"

ज़ीनाँ को यह गाली बहुत ही बुरी लगती थी, चुनांचे वह अकसर बिगड़ जाती थी। पर करीमदाद के बात करने का ढंग कुछ ऐसा ख़ुलूस-भरा था कि ज़ीनाँ की कटुता फ़ौरन ही एक अकथनीय मिठास में बदल जाती थी और वह सोचती थी कि 'सुअर के बच्चे' में कितना प्यार कूट-कूट के भरा है।

हिन्दुस्तान और पाकिस्तान की जंग की अफ़वाहें एक अर्से से उड़ रही थीं। असल में तो पाकिस्तान बनते ही, यह बात जैसे एक तरह से तय हो गयी थी कि जंग होगी और ज़रूर होगी। कब होगी, इसके बारे में गाँव में किसी को मालूम नहीं था। करीमदाद से जब कोई इस बारे में सवाल करता तो वह यह छोटा-सा जवाब देता—"जब होनी होगी, हो जायेगी। फ़िज़ूल सोचने से क्या फ़ायदा?"

ज़ीनाँ जब इस होने वाली लड़ाई-भिड़ाई के बारे में सुनती थी तो उसके होश उड़ जाते थे। वह अपने स्वभाव से बहुत ही अमनपसन्द थी। मामूली 'तू-तू, मैं-मैं' से भी बहुत घबराती थी। इसके अलावा, पिछले दंगों में उसने बहुत मार-काट देखी थी और उन्हीं में उसका प्यारा भाई फ़ज़ल इलाही काम आया था। बेहद सहम कर वह करीमदाद से सिर्फ इतना कहती—"कीमे, क्या होगा?"

करीमदाद मुस्करा देता, "मुझे क्या पता। लड़का होगा या लड़की।"

यह सुन कर ज़ीनाँ बहुत ही ज़िच-बिच होती, पर फ़ौरन ही करीमदाद की बातों में लग कर, होने वाली जंग के बारे सब कुछ भूल जाती। करीमदाद ताकतवर था; ज़ीनाँ से उसको बेहद मुहब्बत थी। बन्दूक ख़रीदने के बाद वह थोड़े ही अर्से में निशाने का बहुत पक्का हो गया था। ये सब बातें ज़ीनाँ को हौसला दिलाती थीं। लेकिन इसके बावजूद, त्रिंजनों में जब वह अपनी किसी डरी हुई सहेली से जंग के बारे में, गाँव के आदमियों की उड़ायी हुई, डरावनी अफ़वाहें सुनती तो एकदम सुन्न-सी हो जाती।

बख़्तो दायी, जो हर रोज़ ज़ीनाँ को देखने आती थी, एक दिन यह ख़बर लायी कि हिन्दुस्तान वाले दरिया बन्द करने वाले हैं। ज़ीनाँ इसका मतलब न समझी। विस्तार से जानने के लिए उसने बख़्तो दायी से

पूछा—"दरिया बन्द करने वाले हैं?... कौन-से दरिया बन्द करने वाले हैं?"

बख़्तो दायी ने जवाब दिया—"वो, जो हमारे खेतों को पानी देते हैं।"

ज़ीनाँ ने कुछ देर सोचा और हँस कर कहा—"मौसी, तुम भी क्या पागलों की-सी बातें करती हो? दरिया कौन बन्द कर सकता है...वो भी कोई मोरियाँ हैं?"

बख़्तो ने ज़ीनाँ के पेट पर हौले-हौले मालिश करते हुए कहा—"बीबी, मुझे मालूम नहीं।... जो कुछ मैंने सुना, तुम्हें बता दिया। यह बात तो अब अख़बारों में भी आ गयी है।"

"कौन-सी बात?" ज़ीनाँ को यकीन नहीं होता था।

बख़्तो ने अपने झुरियों वाले हाथ से ज़ीनाँ का पेट टटोलते हुए कहा—"यही कि वो दरिया बन्द करने वाले हैं।" फिर उसने ज़ीनाँ के पेट पर उसकी कमीज़ खींची और उठ कर बड़े माहिराना अन्दाज़ में कहा—"अल्लाह ख़ैर रखे तो बच्चा आज से पूरे दस दिन के बाद हो जाना चाहिए।"

करीमदाद घर आया तो सबसे पहले ज़ीनाँ ने उससे दरियाओं के बारे में पूछा। उसने पहले बात टालनी चाही, पर ज़ीनाँ ने जब कई बार अपना सवाल दोहराया तो करीमदाद ने कहा—"हाँ, कुछ ऐसा ही सुना है।"

ज़ीनाँ ने पूछा—"क्या?"

"यही कि हिन्दुस्तान वाले हमारे दरिया बन्द कर देंगे।" "क्यों?"

करीमदाद ने जवाब दिया, "ताकि हमारी फ़सलें तबाह हो जायें।"

यह सुन कर ज़ीनाँ को विश्वास हो गया कि दरिया बन्द किये जा सकते हैं। चुनांचे, बड़ी बेचारगी की हालत में उसने सिर्फ़ इतना कहा—"कितने ज़ालिम हैं ये लोग।"

करीमदाद इस बार कुछ देर के बाद मुस्कराया, "हटाओ इसको। यह बताओ मौसी बख़्तो आयी थी?"

ज़ीनाँ ने बेदिली से जवाब दिया—"आयी थी।"

"क्या कहती थी?"

"कहती थी—आज से पूरे दस दिन के बाद बच्चा हो जायेगा।"

करीमदाद ने ज़ोर का नारा लगाया—"ज़िन्दाबाद!"

ज़ीनाँ ने इसे पसन्द न किया और बड़बड़ायी—"तुम्हें ख़ुशी सूझती है। यहाँ जाने कैसी करबला आने वाली है।"

करीमदाद चौपाल चला गया। वहाँ क़रीब-क़रीब सब मर्द जमा थे और चौधरी नत्थू को घेरे, उससे दरिया बन्द करने वाली ख़बर के बारे में पूछ रहे थे। कोई पंडित नेहरू को पेट भर के गालियाँ दे रहा था, कोई बद-दुआयें माँग रहा था; कोई यह मानने से ही एकदम इनकार कर रहा था कि दरियाओं का रुख बदला जा सकता है। कुछ ऐसे भी थे, जिनका यह ख़याल था कि जो कुछ होने वाला है, वह हमारे गुनाहों की सज़ा है; इसे टालने के लिए सबसे अच्छा तरीका यही है कि मिल कर मस्जिद में दुआ माँगी जाय।

करीमदाद एक कोने में, चुपचाप बैठा, सुनता रहा। हिन्दुस्तान वालों को गालियाँ देने में चौधरी नत्थू सबसे आगे था। करीमदाद कुछ इस तरह बार-बार पहलू बदल रहा था, जैसे उसे बहुत कोफ्त हो रही हो। सब एक-ज़बान हो कर कह रहे थे कि दरिया बन्द करना बहुत ही ओछा हथियार है; इन्तहाई कमीनापन है, नीचता है, बेपनाह ज़ुल्म है, बद-तरीन गुनाह है—यज़ीदपन है।

करीमदाद दो-तीन बार इस तरह खाँसा, जैसे वह कुछ कहने के लिए ख़ुद को तैयार कर रहा हो। चौधरी नत्थू के मुँह से जब मोटी-मोटी गालियों की एक और लहर उठी तो करीमदाद चीख़ पड़ा—"गाली न दे चौधरी किसी को!"

माँ की एक बहुत बड़ी गाली, चौधरी नत्थू के हलक में फँसी-की-फँसी रह गयी। उसने पलट कर एक अजीब अन्दाज़ से करीमदाद की तरफ़ देखा, जो सिर पर अपना साफ़ा ठीक कर रहा था।

"क्या कहा?"

करीमदाद ने धीमी, लेकिन मज़बूत आवाज़ में कहा—"मैंने कहा, गाली न दे किसी को!" हलक में फँसी हुई माँ की गाली बड़ी ज़ोर से बाहर निकाल कर, चौधरी नत्थू ने बड़े तीखे लहजे में करीमदाद से कहा—''किसी को? क्या लगते हैं वो तुम्हारे?" इसके बाद वह चौपाल में जमा लोगों से मुखातिब हुआ, "सुना तुम लोगों ने...कहता है, गाली न दो किसी को।... पूछो इससे, वो क्या लगते हैं इसके?"

करीमदाद ने बड़े धीरज से जवाब दिया—"मेरे क्या लगते हैं? मेरे दुश्मन लगते हैं।"

चौधरी के हलक से फटा-फटा-सा कहकहा बुलन्द हुआ—इस क़दर ज़ोर से कि उसकी मूँछों के बाल बिखर गये, "सुना तुम लोगों ने। दुश्मन लगते हैं। और दुश्मन को प्यार करना चाहिए, क्यों बरख़ुरदार?"

करीमदाद ने बड़े बरख़ुरदाराना अन्दाज़ में जवाब दिया—"नहीं चौधरी। मैं यह नहीं कहता कि प्यार करना चाहिए। मैंने सिर्फ़ यह कहा है कि गाली नहीं देनी चाहिए।"

करीमदाद के साथ ही उसका लँगोटिया यार, मीराँ बख़्श बैठा था। उसने पूछा—"क्यों?"

करीमदाद सिर्फ़ मीराँ बख़्श से मुख़ातिब हुआ, "क्या फ़ायदा है यार...वो पानी बन्द करके तुम्हारी ज़मीनें बंजर बनाना चाहते हैं और तुम उन्हें गाली दे कर यह समझते हो कि हिसाब बेबाक हुआ। यह कहाँ की अकलमन्दी है। गाली तो उस वक़्त दी जाती है, जब और कोई जवाब पास न हो।"

मीराँ बख़्श ने पूछा—"तुम्हारे पास कोई जवाब है?"

करीमदाद ने ज़रा ठहर कर कहा—"सवाल मेरा नहीं, हज़ारों और लाखों आदमियों का है। अकेला मेरा जवाब, सब का जवाब नहीं हो सकता।... ऐसे मामलों में सोच-समझ कर ही कोई पक्का जवाब तैयार किया जा सकता है। वो एक दिन में दरियाओं का रुख नहीं बदल सकते। कई साल लगेंगे। लेकिन यहाँ तो तुम लोग गालियाँ देकर एक मिनट में अपनी भड़ास निकाल बाहर कर रहे हो।" फिर उसने मीराँ बख़्श के कन्धे पर हाथ रखा और बड़े ख़ुलूस के साथ कहा—"मैं तो इतना जानता हूँ यार कि हिन्दुस्तान को कमीना, नीच और ज़ालिम कहना भी ग़लत है।"

मीराँ बख़्श की बजाय चौधरी नत्थू चिल्लाया, "लो, और सुनो!"

करीमदाद मीराँ बख़्श से ही कहता रहा—"दुश्मन से मेरे भाई, रहम-करम की उम्मीद रखना बेवकूफ़ी है। लड़ाई शुरू हो और यह रोना रोया जाय कि दुश्मन बड़े बोर की राइफ़लें इस्तेमाल कर रहा है; हम छोटे बम गिराते हैं, वो बड़े बम गिराता है। तुम अपने

ईमान से कहो, यह शिकायत भी कोई शिकायत है! छोटा चाकू भी मारने के लिए इस्तेमाल होता है और बड़ा चाकू भी। क्या मैं झूठ कहता हूँ?"

मीराँ बख़्श की जगह चौधरी नत्थू ने सोचना शुरू किया, पर फ़ौरन ही झुँझला गया, "लेकिन सवाल यह है कि वो पानी बन्द कर रहे हैं...हमें भूखा और प्यासा मारना चाहते हैं।"

करीमदाद ने मीराँ बख़्श के कन्धे से अपना हाथ अलग किया और चौधरी नत्थू से मुख़ातिब हुआ, "चौधरी, जब किसी को दुश्मन कह दिया तो फिर यह गिला कैसा कि वो हमें भूखा-प्यासा मारना चाहता है। वो तुम्हें भूखा-प्यासा नहीं मारेगा, तुम्हारी हरी-भरी ज़मीनें वीरान और बंजर नहीं बनाएगा तो क्या वो तुम्हारे लिए पुलाव की थाली देंगे और शरबत के मटके वहाँ से भेजेगा; तुम्हारी सैर-तफ़रीह के लिए यहाँ बाग़-बगीचे लगाएगा?"

चौधरी नत्थू भन्ना गया, "यह तू क्या बकवास कर रहा है?"

मीराँ बख़्श ने भी हौले से करीमदाद से पूछा—"हाँ यार, यह क्या बकवास है?"

"बकवास नहीं, मीराँ बख़्शा!" करीमदाद ने समझाने के अन्दाज़ में मीराँ बख़्श से कहा—"तू ज़रा सोच तो सही कि लड़ाई में दोनों फ़रीक एक-दूसरे को पछाड़ने के लिए क्या कुछ नहीं करते। पहलवान जब लंगर-लंगोटे कस कर अखाड़े में उतर आये तो उसे हर दाँव इस्तेमाल करने का हक होता है..." मीराँ बख़्श ने अपना घुटा हुआ सिर हिलाया, "यह तो ठीक है।"

करीमदाद मुस्कराया, "तो फिर दरिया बन्द करना भी ठीक है। हमारे लिए यह ज़ुल्म है, पर उनके लिए रवा है।"

"रवा क्या है...जब तेरी जीभ, प्यास के मारे, लटक कर ज़मीन तक आ जायगी, तब मैं पूछूँगा कि ज़ुल्म रवा है या नारवा...जब तेरे बाल-बच्चे अनाज के एक-एक दाने को तरसेंगे, तब भी तू यही कहना कि दरिया बन्द करना बिलकुल ठीक था!"

करीमदाद ने अपने सूखे होंटों पर ज़बान फेरी और कहा—"मैं तब भी यही कहूँगा चौधरी...तुम यह क्यों भूल जाते हो कि सिर्फ

वह हमारा दुश्मन नहीं, हम भी उसके दुश्मन हैं। अगर हमारे बस में होता तो हमने भी उसका दाना-पानी बन्द किया होता...लेकिन अब, जब कि वह कर सकता है और करने वाला है तो हम ज़रुर उसका कोई तोड़ सोचेंगे। ...बेकार गालियाँ देने से क्या होता है.. .दुश्मन तुम्हारे लिए दूध की नहरें नहीं जारी करेगा चौधरी नत्थू! उससे अगर हो सका तो वह तुम्हारे पानी की हर बूँद में ज़हर मिला देगा। तुम इसे जुल्म कहोगे, वहशीपन कहोगे, इसलिए कि मारने का यह तरीका तुम्हें पसन्द नहीं...अजीब-सी बात है कि लड़ाई शुरू करने से पहले दुश्मन से निकाह की-सी शर्तें मनवायी जायँ.. . उससे कहा जाय कि देखो, मुझे भूखा-प्यासा न मारना; अलबत्ता बन्दूक से, और वह भी इतने बोर की बन्दूक से, तुम मुझे शौक से मार सकते हो। असल बकवास तो यह है...ज़रा ठण्डे दिल से सोचो।"

चौधरी नत्थू झुँझलाहट की आख़िरी हद तक पहुँच गया, "ब़र्फ ला के रख मेरे दिल पर!"

"यह भी मैं ही लाऊँ?" यह कह कर करीमदाद हँसा। फिर मीराँ ब़ख्श के कन्धे पर थपकी दे कर वह उठा और चौपाल से चला गया।

घर की ड्योढ़ी में दाख़िल हो ही रहा था कि अन्दर से ब़ख्तो दायी बाहर निकली। करीमदाद को देख कर उसके होंटों पर एक पोपली-सी मुस्कराहट पैदा हुई।

"मुबारक हो कीमे। चाँद-सा बेटा हुआ है। अब कोई अच्छा-सा नाम सोच उसका।"

"नाम?" करीमदाद ने पल भर के लिए सोचा, "यज़ीद—यज़ीद!"

बख़्तो दायी का मुँह हैरत से खुला-का-खुला रह गया। करीमदाद, नारे लगाता, अन्दर घर में घुसा। ज़ीनाँ चारपाई पर लेटी थी। पहले से किसी क़दर ज़र्द। उसके पहलू में एक गुलगोथना-सा बच्चा, चपड़-चपड़ अपना अँगूठा चूस रहा था। करीमदाद ने उसकी तरफ़ प्यार और गर्व-भरी नज़रों से देखा और उसके एक गाल को उँगली से छेड़ते हुए कहा—"ओय मेरे यज़ीद!"

ज़ीनाँ के मुँह से हल्की-सी, अचरज-भरी चीख़ निकली—"यज़ीद?"

करीमदाद ने ग़ौर से अपने बेटे का नाक-नक़्शा देखते हुए कहा—"हाँ, यज़ीद!... यह इसका नाम है।"

ज़ीनाँ की आवाज़ बहुत मद्धिम हो गयी, "यह तुम क्या कह रहे हो कीमे?...यज़ीद?..."

करीमदाद मुस्कराया, "क्या है इसमें? नाम ही तो है!"

जीनाँ सिर्फ इस क़दर कह सकी, "मगर किसका नाम?"

करीमदाद ने रांजीदगी से जवाब दिया—"ज़रूरी नहीं कि यह वही यज़ीद हो। उसने दरिया का पानी बन्द किया था...यह खोलेगा!"

# टिथवाल का कुत्ता

कई दिनों से दोनों तरफ़ के सिपाही अपने-अपने मोर्चे पर जमे हुए थे। दिन में इधर और उधर से दस-बारह बार गोलियाँ चल जातीं, जिनकी आवाज़ के साथ कोई इन्सानी चीख़ बुलन्द नहीं होती थी। मौसम बहुत ख़ुशनुमा था। हवा जंगली फूलों की महक में बसी हुई थी। पहाड़ियों की ऊँचाइयों और ढलानों पर लड़ाई से बेख़बर कुदरत, अपने रोज़ के काम-काज में व्यस्त थी। चिड़ियाँ उसी तरह चहचहाती थीं। फूल उसी तरह खिल रहे थे और धीमी गति से उड़ने वाली मधुमक्खियाँ, उसी पुराने ढंग से उन पर ऊँघ-ऊँघ कर रस चूसती थीं।

जब गोलियाँ चलने पर पहाड़ियों में आवाज़ गूँजती तो चहचहाती हुई चिड़ियाँ, चौंक कर उड़ने लगतीं, मानो किसी का हाथ साज़ के ग़लत तार से जा टकराया हो और उनके कानों को ठेस पहुँची हो। सितम्बर का अन्त अक्तूबर की शुरुआत से बड़े गुलाबी ढंग से गले मिल रहा था। ऐसा लगता था कि जाड़े और गर्मी में सुलह-सफ़ाई हो रही है। नीले-नीले आसमान पर धुनी हुई रुई जैसे पतले-पतले और हल्के-हल्के बादल यों तैरते थे, जैसे अपने सफ़ेद बजरों में नदी की सैर कर रहे हों।

पहाड़ी मोर्चों पर दोनों ओर के सिपाही कई दिनों से बड़ी ऊब महसूस कर रहे थे कि कोई निर्णयात्मक बात क्यों नहीं होती। ऊब कर उनका जी चाहता था कि मौका-बे-मौका एक-दूसरे को शे'र सुनायें। कोई न सुने तो ऐसे ही गुनगुनाते रहें। वे पथरीली ज़मीन पर औंधे या सीधे लेटे रहते और जब हुक्म मिलता, एक-दो फ़ायर कर देते।

दोनों मोर्चे बड़े सुरक्षित स्थान पर थे। गोलियाँ पूरे ज़ोर से आतीं और पत्थरों की ढाल से टकरा कर वहीं चित्त हो जातीं। दोनों पहाड़ियों की ऊँचाई, जिन पर ये मोर्चे थे, लगभग एक ही जैसी थी। बीच में छोटी-सी, हरी-भरी घाटी थी, जिसके सीने पर एक नाला, मोटे साँप की तरह लोटता रहता था।

हवाई जहाज़ों का कोई ख़तरा नहीं था। तोपें, न इनके पास थीं, न उनके पास, इसलिए दोनों तरफ़ बेखटके आग जलायी जाती थी। उससे धुएँ के बादल उठते और हवाओं में घुल-मिल जाते। रात को चूँकि बिलकुल ख़ामोशी होती थी, इसलिए कभी-कभी दोनों मोर्चों के सिपाहियों को, किसी बात पर लगाये हुए, एक-दूसरे ठहाके सुनायी दे जाते थे। कभी कोई लहर में आकर गाने लगता तो उसकी आवाज़ रात के सन्नाटे को जगा देती। एक आवाज़ के पीछे दूसरी आवाज़ गूँजती तो ऐसा लगता, मानो पहाड़ियाँ सबक़ दोहरा रही हों।

चाय का दौर ख़त्म हो चुका था। पत्थरों के चूल्हे में चीड़ के हल्के-फुल्के कोयले क़रीब-क़रीब ठण्डे हो चुके थे। आसमान साफ़ था। मौसम में खुनकी थी। हवा में फूलों की महक नहीं थी, जैसे रात को उन्होंने अपने इत्रदान बन्द कर लिये थे। अलबत्ता, चीड़ के पसीने यानी बिरोजे की बू थी, पर यह भी कुछ ऐरी नागवार नहीं थी। सब कम्बल ओढ़े सो रहे थे, पर कुछ इस तरह कि हल्के-से इशारे पर उठ कर लड़ने-मरने के लिए तैयार हो सकते थे। जमादार हरनाम सिंह खुद पहरे पर था। उसकी रासकोप घड़ी में दो बजे तो उसने गंडा सिंह को जगाया और पहरे पर खड़ा कर दिया। उसका जी चाहता था कि सो जाये, पर जब लेटा तो आँखों से नींद को इतना दूर पाया, जितने कि आसमान के सितारे थे। जमादार हरनाम सिंह चित्त लेटा उनकी तरफ़ देखता रहा... और फिर गुनगुनाने लगा :

जुत्ती लैनी आ सितारेयाँ वाली...
सितारेयाँ वाली...
वे हरनाम सिंहा, ओ यारा, भावें तेरी मही बिक जाये।

और हरनाम सिंह को आसमान पर हर तरफ़ सितारों वाले जूते बिखरे नज़र आये, जो झिलमिल-झिलमिल कर रहे थे।

जुत्ती लै देआँ सितारेयाँ वाली...
सितारेयाँ वाली...
नी हरनाम कौरे, ओ नारे, भावें मेरी मही बिक जाये।

यह गाकर वह मुस्कराया; फिर यह सोच कर कि नींद नहीं आयेगी, उसने उठकर सबको जगा दिया। नार के ज़िक्र ने उसके दिमाग़ में हलचल पैदा कर दी थी। वह चाहता था कि ऊटपटाँग बातें

हों, जिससे इस गीत की हरनाम कौरी कैफ़ियत पैदा हो जाय। चुनांचे बातें शुरू हुईं, पर उखड़ी-उखड़ी रहीं। बन्ता सिंह, जो उन सबमें कम-उम्र था और जिसकी आवाज़ सबसे अच्छी थी, एक तरफ़ हट कर बैठ गया। बाकी अपनी ज़ाहिरा तौर पर मज़ेदार बातें करते और जम्हाइयाँ लेते रहे। थोड़ी देर के बाद बन्ता सिंह ने एकदम अपनी सोज़-भरी आवाज़ में 'हीर' गाना शुरू कर दिया...

हीरा आख्या जोगिया झूठ बोलें, कौन रुठड़े यार मनाउँदा ई

ऐसा कोई न मिलेया मैं ढूँढ थक्की जेहड़ा गयाँ नूँ मोड़ ल्याउँदा ई

इक बाज़ तों काँग ने कूँज खोही वेक्खाँ चुप है कि कुर्लाउँदा ई

दुक्खाँ वालेयाँ नूँ गल्लाँ सुख दियाँ नी किस्से जोड़ जहान सुनाउँदा ई

फिर कुछ रुककर उसने हीर की इन बातों का जवाब, राँझे की ज़बान में गाया...

जेहड़े बाज़ तों काँग ने कूँ ज खोही सब्र शुक्र कर बाज़ फ़नाह होया

ऐवें हाल है एस फ़कीर दा नी, धन माल गया ते तबाह होया

करें सिदक ते कम मालूम होवे तेरा रब्ब रसूल गवाह होया

दुनिया छड्डु उदासियाँ पहन लइयाँ सैयद वारिसों हुन वारिस शाह होया

बन्ता सिंह ने जिस तरह एकदम गाना शुरू किया था, उसी तरह वह एकदम ख़ामोश हो गया।

ऐसा लगता था कि ख़ाकी पहाड़ियों ने भी उदासियाँ पहन ली हैं। जमादार हरनाम सिंह ने थोड़ी देर के बाद किसी अनदेखी चीज़ को मोटी-सी गाली दी और लेट गया। सहसा रात के आख़िरी पहर की उदास-उदास फ़िज़ा में एक कुत्ते के भौंकने की आवाज़ गूँजी। सब चौंक पड़े; आवाज़ क़रीब से आयी थी। सूबेदार हरनाम सिंह ने उठ कर कहा, "यह कहाँ से आ गया, भौंकू?"

कुत्ता फिर भौंका। अब उसकी आवाज़ और भी नज़दीक से आयी थी। कुछ पलों के बाद, दूर झाड़ियों में आहट हुई। बन्ता सिंह उठा और उसकी तरफ़ बढ़ा। जब वापस आया तो उसके साथ एक आवारा-सा कुत्ता था, जिसकी दुम हिल रही थी। वह मुस्कराया, "जमादार साहब! मैं

'हू कम्ज़ इधर' बोला तो कहने लगा—मैं हूँ चपड़ झुनझुन।"

सब हँसने लगे। जमादार हरनाम सिंह ने कुत्ते को पुचकारा, "इधर आ, चपड़ झुनझुन।"

कुत्ता दुम हिलाता, हरनाम सिंह के पास चला गया और यह समझ कर कि शायद खाने की कोई चीज़ फेंकी गयी है, ज़मीन के पत्थर सूँघने लगा। जमादार हरनाम सिंह ने थैला खोल कर एक बिस्कुट निकाला और उसकी तरफ़ फेंका। कुत्ते ने उसे सूँघ कर मुँह खोला, लेकिन हरनाम सिंह ने लपक कर उसे उठा लिया, "ठहर, कहीं पाकिस्तानी तो नहीं।"

सब हँसने लगे। सरदार बन्ता सिंह ने आगे बढ़ कर कुत्ते की पीठ पर हाथ फेरा और जमादार हरनाम सिंह से कहा—"नहीं जमादार साहब, चपड़ झुनझुन हिन्दुस्तानी है।"

जमादार हरनाम सिंह हँसा और कुत्ते से मुखातिब हुआ, "निशानी दिखा ओये।"

कुत्ता दुम हिलाने लगा। हरनाम सिंह ज़रा खुल कर हँसा, "यह कोई निशानी नहीं। दुम तो सारे कुत्ते हिलाते हैं।"

बन्ता सिंह ने कुत्ते की काँपती दुम पकड़ ली, "शरणार्थी है बेचारा।"

जमादार हरनाम सिंह ने बिस्कुट फेंका, जो कुत्ते ने झट दबोच लिया। एक जवान ने अपने बूट की एड़ी से ज़मीन खोदते हुए कहा—"अब कुत्तों को भी या तो हिन्दुस्तानी होना पड़ेगा या पाकिस्तानी।"

जमादार ने अपने थैले से एक और बिस्कुट निकाला और फेंका, "पाकिस्तानियों की तरह पाकिस्तानी कुत्ते भी गोली से उड़ा दिये जायेंगे।"

एक ने ज़ोर से नारा लगाया—"हिन्दुस्तान ज़िन्दाबाद!"

कुत्ता, जो बिस्कुट उठाने के लिए आगे बढ़ा था, डर कर पीछे हट गया। उसकी दुम टाँगों के अन्दर घुस गयी। जमादार हरनाम सिंह हँसा, "अपने नारे से क्यों डरता है चपड़ झुनझुन...खा...ले, एक और ले।" उसने थैले से एक और बिस्कुट निकाल कर उसे दिया।

बातों-बातों में सुबह हो गयी। सूरज निकलने का इरादा ही कर रहा था कि चारों ओर उजाला हो गया। जिस तरह बटन दबाने से एकदम बिजली की रोशनी होती है, उसी तरह सूरज की किरणें देखते-ही-देखते उस पहाड़ी इलाके में फैल गयीं, जिसका नाम टिथवाल था।

इस इलाक़े में काफ़ी देर से लड़ाई चल रही थी। एक-एक पहाड़ी के लिए दर्जनों जवानों की जानें जाती थीं, फिर भी कब्ज़ा ग़ैर-यकीनी होता था। आज यह पहाड़ी उनके पास है, कल दुश्मन के पास, परसों फिर उनके कब्ज़े में। इसके दूसरे दिन वह फिर दूसरों के पास चली जाती थी।

जमादार हरनाम सिंह ने दूरबीन लगा कर आस-पास का जायज़ा लिया। सामने पहाड़ी से धुआँ उठ रहा था। इसका यह मतलब था कि चाय वग़ैरह तैयार हो रही है। इधर भी नाश्ते की फ़िक्र हो रही थी। आग सुलगायी जा रही थी। उधर वालों को भी निश्चय ही इधर से धुआँ उठता दिख रहा था।

नाश्ते पर सब जवानों ने थोड़ा-थोड़ा कुत्ते को दिया, जो उसने ख़ूब पेट भर के खाया। सब उसमें दिलचस्पी ले रहे थे, जैसे वे उसको अपना दोस्त बनाना चाहते हों। उसके आने से काफ़ी चहल-पहल हो गयी थी। हर आदमी उसको थोड़ी-थोड़ी देर बाद पुचकार कर 'चपड़ झुनझुन' के नाम से पुकारता और उसे प्यार करता।

शाम के क़रीब दूसरी तरफ़ पाकिस्तानी मोर्चे में सूबेदार हिम्मत ख़ाँ अपनी बड़ी-बड़ी मूँछों को, जिनके साथ बेशुमार कहानियाँ जुड़ी हुई थीं, मरोड़े दे-दे कर टिथवाल के नक़्शे को बड़े ध्यान से देख रहा था। उसके साथ ही वायरलेस ऑपरेटर बैठा था और सूबेदार हिम्मत ख़ाँ के लिए प्लाटून कमाण्डर से निर्देश प्राप्त कर रहा था। कुछ दूर, एक पत्थर से टेक लगाये और अपनी बन्दूक लिये, बशीर धीमे-धीमे गुनगुना रहा था...

"चन्न कित्थे गवाई आयी रात वे...
चन्न कित्थे गवाई आयी..."

बशीर ने मज़े में आ कर आवाज़ ज़रा ऊँची की तो सूबेदार हिम्मत ख़ाँ की कड़क़दार आवाज़ बुलन्द हुई—"ओये, कहाँ रहा है तू रात भर?"

बशीर ने सवालिया नज़रों से हिम्मत ख़ाँ को देखना शुरू किया, जो बशीर की बजाय किसी और से मुखातिब था, "बता ओये।"

बशीर ने देखा। कुछ फ़ासिले पर वह आवारा कुत्ता बैठा था, जो कुछ दिन हुए उनके मोर्चे में बिन-बुलाये मेहमान की तरह आया था और वहीं टिक गया था। बशीर मुस्कराया और कुत्ते को सम्बोधित कर बोला—

"चन्न कित्थे गवाई आयी रात वे
चन्न कित्थे गवाई आयी..."

कुत्ते ने ज़ोर से दुम हिलाना शुरू किया, जिससे पथरीली ज़मीन पर झाड़ू-सी फिरने लगी।

सूबेदार हिम्मत ख़ाँ ने एक कंकड़ उठा कर कुत्ते की तरफ़ फेंका, "साले को दुम हिलाने के सिवा और कुछ नहीं आता!"

बशीर ने एकदम कुत्ते की तरफ़ ग़ौर से देखा, "इसकी गर्दन में क्या है?" यह कह कर वह उठा, पर इससे पहले एक और जवान ने कुत्ते को पकड़ कर, उसकी गर्दन में बँधी हुई रस्सी उतारी। उसमें गत्ते का एक टुकड़ा पिरोया हुआ था, जिस पर कुछ लिखा था। सूबेदार हिम्मत ख़ाँ ने यह टुकड़ा लिया और अपने जवानों से कहा—"लंडे हैं। जानता है तुममें से कोई पढ़ना?"

बशीर ने आगे बढ़ कर गत्ते का टुकड़ा लिया, "हाँ...कुछ-कुछ पढ़ लेता हूँ।" और उसने बड़ी मुश्किल से अक्षर जोड़-जोड़ कर यह पढ़ा—"चप. ..चपड़...झुन... झुन...चपड़ झुनझुन...यह क्या हुआ?"

सूबेदार हिम्मत ख़ाँ ने अपनी बड़ी-बड़ी ऐतिहासिक मूँछों को ज़बरदस्त मरोड़ा दिया, "कोडवर्ड होगा कोई!" फिर उसने बशीर ने पूछा—"कुछ और लिखा है बशीरे?"

बशीर ने, जो अक्षर जोड़ने में लगा था, जवाब दिया—'जी हाँ...यह. ..यह... हिन...हिन्द...हिन्दुस्तानी...यह हिन्दुस्तानी कुत्ता है।'

सूबेदार हिम्मत ख़ाँ ने सोचना शुरु किया, "मतलब क्या हुआ इसका? क्या पढ़ा था तुमने—चपड़?" बशीर ने जवाब दिया—"चपड़ झुनझुन!"

एक जवान ने बहुत बुद्धिमान बनते हुए कहा, "जो बात है, इसी में है।"

सूबेदार हिम्मत ख़ाँ को यह बात माकूल लगी, "हाँ, कुछ ऐसा ही लगता है।"

बशीर ने गत्ते पर लिखी हुई पूरी इबारत पढ़ी—"चपड़ झुनझुन...यह हिन्दुस्तानी कुत्ता है।"

सूबेदार हिम्मत ख़ाँ ने वायरलेस सेट लिया और कानों पर हेडफ़ोन

जमा कर प्लाटून कमांडर से ख़ुद उस कुत्ते के बारे में बातचीत की। वह कैसे आया था, किस तरह उसके पास कई दिन पड़ा रहा, फिर एकाएकी ग़ायब हो गया और रात भर ग़ायब रहा। अब आया है तो उसके गले में एक रस्सी नज़र आयी, जिसमें गत्ते का एक टुकड़ा था। उस पर जो इबारत लिखी थी, वह उसने तीन-चार बार दोहरा कर प्लाटून कमांडर को सुनायी, पर कोई नतीजा हासिल न हुआ।

बशीर कुत्ते के पास अलग बैठकर उसे कभी पुचकार कर, कभी डरा-धमका कर पूछता रहा कि वह रात कहाँ ग़ायब रहा था और उसके गले में वह रस्सी और गत्ते का टुकड़ा किसने बाँधा था, पर कोई मन-चाहा जवाब न मिला। वह जो सवाल करता, उसके जवाब में कुत्ता अपनी दुम हिला देता। आख़िर गुस्से में आकर बशीर ने उसे पकड़ लिया और ज़ोर का झटका दिया। कुत्ता तकलीफ़ के कारण 'चाऊँ-चाऊँ' करने लगा।

वायरलेस से निपट कर सूबेदार हिम्मत ख़ाँ ने कुछ देर नक़्शे को ग़ौर से देखा, फिर निर्णयात्मक भाव से उठा और सिग्रेट की डिबिया का ढकन खोल कर बशीर को दिया, 'बशीरे, लिख इस पर गुरमुखी में...उन कीड़े-मकोड़ों में...'

बशीर ने सिग्रेट की डिबिया का गत्ता लिया और पूछा—"क्या लिखूँ सूबेदार साहब?"

सूबेदार हिम्मत ख़ाँ ने मूँछों को मरोड़े देकर सोचना शुरू किया, "लिख दे... बस, लिख दे।" यह कह कर उसने जेब से पेंसिल निकाल कर बशीर को दी, "क्या लिखना चाहिए?" उसने जैसे ख़ुद से पूछा।

बशीर पेंसिल की नोक को होंट से लगा कर सोचने लगा, फिर एकदम सवालिया अन्दाज़ में बोला—"सपड़ सुनसुन...?" लेकिन फ़ौरन ही सन्तुष्ट हो कर उसने निर्णय-भरे लहजे में कहा—"चपड़ झुनझुन का जवाब सपड़ सुनसुन ही हो सकता है... क्या याद करेंगे अपनी माँ के सिखड़े।"

बशीर ने पेंसिल सिग्रेट की डिबिया पर जमायी—"सपड़ सुनसुन!"

"सोला आने! लिख—सप...सपड़...सुनसुन।" यह कर सूबेदार हिम्मत ख़ाँ ने ज़ोर का ठहाका लगाया, "और आगे लिख, यह...पाकिस्तानी कुत्ता है।"

सूबेदार हिम्मत ख़ाँ ने गत्ता बशीर के हाथ से लिया। पेंसिल से उसमें एक तरफ़ छेद किया और रस्सी में पिरो कर कुत्ते की तरफ़ बढ़ा, "ले जा, यह अपनी औलाद के पास।"

यह सुन कर सब जवान ख़ूब हँसे। सूबेदार हिम्मत ख़ाँ ने कुत्ते के गले में रस्सी बाँध दी। वह इस बीच अपनी दुम हिलाता रहा। इसके बाद सूबेदार ने उसे कुछ खाने को दिया और नसीहत करने के अन्दाज़ में कहा—"देखो दोस्त, ग़द्दारी मत करना...याद रखो, ग़द्दारी की सज़ा मौत होती है।"

कुत्ता दुम हिलाता रहा। जब वह अच्छी तरह खा चुका तो सूबेदार हिम्मत ख़ाँ ने रस्सी से पकड़ कर उसका रुख पहाड़ी की इकलौती पगडण्डी की तरफ़ फेरा और कहा—"जाओ, हमारा ख़त दुश्मनों तक पहुँचा दो...मगर देखो, वापस आ जाना...यह तुम्हारे अफ़सर का हुक्म है, समझे?"

कुत्ते ने अपनी दुम हिलायी और आहिस्ता-आहिस्ता पगडंडी पर, जो बल खाती हुई नीचे पहाड़ी के दामन में जाती थी, चलने लगा। सूबेदार हिम्मत ख़ाँ ने अपनी बन्दूक उठायी और हवा में एक फ़ायर किया।

फ़ायर और उसकी गूँज दूसरी तरफ़ हिन्दुस्तानियों के मोर्चे में सुनी गयी। इसका मतलब उनकी समझ में न आया। जमादार हरनाम सिंह पता नहीं किस बात पर चिड़चिड़ा हो रहा था, यह आवाज़ सुन कर और भी चिड़चिड़ा हो गया। उसने फ़ायर का हुक्म दे दिया। आध घंटे तक दोनों मोर्चों से गोलियों की बेकार बारिश होती रही। जमादार हरनाम सिंह जब इस शग़ल से उकता गया तो उसने फ़ायर बन्द करा दिया और दाढ़ी में कंघी करनी शुरू कर दी। इससे छुट्टी पाकर उसने जाली के अन्दर सारे बाल बड़े सलीके से जमाये और बन्ता सिंह से पूछा—"ओय बन्ता सिंह! चपड़ झुनझुन कहाँ गया?"

बन्ता सिंह ने चीड़ की सूखी लकड़ी से बिरोज़े को अपने नाख़ूनों से अलग करते हुए कहा—"पता नहीं।"

जमादार हरनाम सिंह ने कहा—"कुत्ते को घी हज़म नहीं हुआ?"

बन्ता सिंह इस मुहावरे का मतलब न समझा, "हमने तो उसे घी की कोई चीज़ नहीं खिलायी थी।"

यह सुन कर जमादार हरनाम सिंह बड़े ज़ोर से हँसा, "ओये

अनपढ़। तेरे साथ तो बात करना पंचानबे का घाटा है।"

तभी वह सिपाही, जो पहरे पर था और दूरबीन लगाये इधर-उधर देख रहा था, एक़दम चिल्लाया–"वह...वह आ रहा है।"

सब चौंक पड़े। जमादार हरनाम सिंह ने पूछा–"कौन?"

पहरे के सिपाही ने कहा–"क्या नाम था उसका–चपड़ झुनझुन!"

"चपड़ झुनझुन?" यह कह कर जमादार हरनाम सिंह उठा–"क्या कर रहा है वो?"

पहरे के सिपाही ने जवाब दिया, "आ रहा है।"

जमादार हरनाम सिंह ने दूरबीन उसके हाथ से ली और देखना शुरू किया, "इधर ही आ रहा है।...रस्सी बँधी हुई है गले में...लेकिन यह तो उधर से आ रहा है, दुश्मन के मोर्चे से।" यह कह कर उसने कुत्ते की माँ को बहुत बड़ी गाली दी। इसके बाद उसने बन्दूक उठायी और निशाना बाँध कर फ़ायर किया। निशाना चूक गया। गोली कुत्ते के कुछ फ़ासिले पर पत्थरों की किरचें उड़ाती, ज़मीन में दफ़्न हो गयी। कुत्ता सहम कर रुक गया।

दूसरे मोर्चे पर सूबेदार हिम्मत ख़ाँ ने दूरबीन में से देखा कि कुत्ता पगडंडी पर खड़ा है; एक और फ़ायर हुआ तो वह दुम दबा कर उल्टी तरफ़ भागा–सूबेदार हिम्मत ख़ाँ के मोर्चे की तरफ़। सूबेदार ने ज़ोर से पुकारा–"बहादुर, डरा नहीं करते...चल वापस।" और उसने डराने के लिए एक फ़ायर किया। कुत्ता रुक गया। उधर से जमादार हरनाम सिंह ने बन्दूक चलायी। गोली कुत्ते के कान के पास से सनसनाती हुई गुज़र गयी। उसने उछल कर ज़ोर-ज़ोर से दोनों कान फटफटाने शुरू किये। उधर से सूबेदार हिम्मत ख़ाँ ने दूसरा फ़ायर किया। गोली उसके अगले पंजों के पास पत्थरों में धँस गयी। बौखला कर कभी वह इधर दौड़ा, कभी उधर। उसकी इस बौखलाहट से हिम्मत ख़ाँ और हरनाम सिंह, दोनों बहुत ख़ुश हुए और ख़ूब ठहाके लगाते रहे। कुत्ते ने जमादार हरनाम सिंह के मोर्चे की तरफ़ भागना शुरू किया। उसने यह देखा तो बड़े ताव में आकर मोटी-सी गाली दी और अच्छी तरह निशाना बाँध कर फ़ायर किया। गोली कुत्ते की टाँग में लगी। आसमान को चीरती हुई एक चीख़ बुलन्द हुई। कुत्ते ने अपना रुख बदला। लँगड़ा-लँगड़ा कर सूबेदार हिम्मत ख़ाँ के मोर्चे की तरफ़ दौड़ने लगा तो उधर से भी फ़ायर

हुआ, पर वह सिर्फ डराने के लिए किया गया था। हिम्मत ख़ाँ फ़ायर करते ही चिल्लाया—"बहादुर...बहादुर परवाह नहीं किया करते ज़ख़्मों की। खेल जाओ अपनी जान पर...जाओ...जाओ।"

कुत्ता फ़ायर से घबरा कर मुड़ा। उसकी एक टाँग बिलकुल बेकार हो गयी थी। बाकी तीन टाँगों की मदद से उसने खुद को चन्द क़दम दूसरी ओर घसीटा था कि जमादार हरनाम सिंह ने निशाना तान कर गोली चलायी, जिसने उसे वहीं ढेर कर दिया।

सूबेदार हिम्मत ख़ाँ ने अफ़सोस के साथ कहा—"च...च...च...! शहीद हो गया बेचारा।"

जमादार हरनाम सिंह ने बन्दूक की गर्म-गर्म नली अपने हाथ में ली और कहा—"वही मौत मरा, जो कुत्ते की होती है।"

□□